ACADÉMIE

DES

JEUX FLORAUX.

Année 1858.

ÉLOGE

DE M. L'ABBÉ DE MONTÉGUT,

Prononcé en Séance publique, le 28 Février 1858;

Par M. Auguste d'ALDÉGUIER, un des quarante Mainteneurs.

MESSIEURS,

Nous ne saurions assister avec indifférence à ces réunions solennelles, où nous ouvrons nos rangs pour remplir les vides qui se sont faits parmi nous. Nos anciens usages nous imposent alors le devoir de faire entendre l'éloge de ceux qui nous ont été ravis, et de mêler ainsi aux félicitations de bienvenue, des accents de tristesse et de regret : pieuse tradition qui répond aux sentiments de nos cœurs, sans altérer notre vive confiance dans la perpétuité de notre institution. La mort ne respecte pas, il est vrai, le sanctuaire d'Isaure, mais chacune de ses atteintes y fait éclore en même temps un germe de vie et de fécondité. Saluons avec empressement aujourd'hui le confrère qui nous arrive; mais réservons un souvenir à celui que nous avons perdu. Dans ce monde mobile où les impressions se succèdent et s'effacent avec une si grande rapidité, il est doux à nos cœurs de déposer nos hommages sur une tombe fermée depuis une année bientôt révolue, et d'avoir ce privilége de dernier adieu à celui qui fut si longtemps notre cher et vénéré confrère.

Je vous remercie, Messieurs, de la mission que vous m'avez confiée. Je suis heureux de vous parler d'un ami que j'ai connu dès mes plus jeunes années, dont j'ai été le compagnon et l'émule dans le cours de nos études, que j'ai suivi dans le monde, et dont j'ai occupé le siége vacant lorsqu'il abandonna la magistrature pour contracter les engagements irrévocables d'une vie plus parfaite. Absorbé par les devoirs de son ministère, par les œuvres multipliées qu'il s'était imposées, éloigné de notre cité, M. l'Abbé de Montégut répondit faiblement, je ne puis le dissimuler, aux engagements moins sérieux qu'il avait contractés envers nous. Nos fêtes et nos réunions lui devinrent étrangères, et plusieurs d'entre vous sans doute ne savaient de lui que son nom, rappelant une de nos gloires et des services passés, plutôt que des services présents. Jamais aussi ce tribut obligé d'un souvenir reconnaissant ne dut sembler plus nécessaire. Laissez-moi donc vous dire, Messieurs, que le confrère que vous avez perdu était éminemment homme de Lettres, qu'il était doué d'une intelligence peu commune, et du petit nombre de ceux à qui les Muses ont souri dès le berceau.

BERNARD-CHARLES-MARIE-JOSEPH DE MONTÉGUT naquit à Toulouse le 4 avril 1792, d'une famille ancienne et distinguée du Languedoc. Le nom de ses ancêtres se trouve inscrit dans les annales du Capitole et dans les archives du Parlement, où il figure de la manière la plus honorable. En remontant aux origines, cette famille se rattache à celle des Montaigut, si remarquable dans les fastes de l'Angleterre par son antiquité, son éclat et les grands personnages qui l'ont illustrée. Lorsque les provinces de Gascogne et de Guienne, longtemps soumises à la domination étrangère, furent reconquises par la valeur de nos aïeux, la branche aînée de la famille de Montaigut accompagna dans leur retraite les étendards fugitifs de la Grande-Bretagne, laissant après elle une branche établie déjà dans nos contrées. C'est ce rameau séparé que représente la maison des Montégut du Languedoc. Des titres, déposés à la Tour de Londres, établissent cette filiation, et des rapports non interrompus entre les deux familles ont toujours attesté cette origine commune. Si notre Confrère se plaisait à rappeler ce souvenir, ce n'était chez lui qu'une prétention littéraire. Il aimait à retrouver parmi ses parents d'Angleterre cette fameuse lady Montaigut, si remarquable par sa beauté, ses voyages romanesques, ses piquantes excentricités, et surtout par ses lettres, que nos voisins d'outre-Manche essaient vainement d'opposer aux pages inimitables où Mme de Sévigné a tracé la supériorité de son siècle et la sienne. C'était un portrait de famille que notre confrère était heureux de placer à côté de cette autre Mme de Montégut que nos pères appelaient la Muse toulousaine.

Nous l'avons déjà dit, M. de Montégut reçut le jour au milieu des orages déchaînés sur notre malheureuse patrie; et le berceau de cet unique rejeton d'une grande famille ne fut bientôt environné que de crêpes funèbres et d'inconsolables douleurs. Son grand-père, Jean-François de Montégut, âgé de soixante-six ans, magistrat distingué, savant remarquable; son père, Raymond de Montégut, aussi magistrat, âgé de vingt-six ans, payèrent l'un et l'autre de leur tête, en 1794, l'honneur d'avoir fait partie de ce corps illustre, dont

la révolution espérait effacer dans le sang les glorieux
souvenirs. Privé de ses appuis les plus puissants, la
Providence ne permit pas du moins que l'orphelin fût
séparé de celle qui lui avait donné le jour. Dans le silence de sa retraite, Mme de Montégut, dominant toutes
ses douleurs, se livra sans réserve à la surveillance
du précieux dépôt qui lui était confié. Elle s'appliqua
surtout à faire germer dans le cœur de son jeune fils
les sentiments de piété profonde qui l'animaient, et
ces premiers enseignements devinrent, n'en doutons
pas, le véritable mobile de cette vocation dont le
monde étonné cherchait plus tard à pénétrer le mystère. Les vertus de Mme de Montégut ne pouvaient
être passées sous silence dans cette enceinte, où le nom
de sa famille (1) rappelle le souvenir d'un ancien confrère vivement regretté, et encore si bien représenté
dans le sein de l'Académie. Après avoir formé le cœur
de son fils, Mme de Montégut comprit qu'elle devait
remettre à des maîtres plus expérimentés le soin de
former son esprit.

Le siècle venait à peine de commencer lorsque la
ville de Toulouse vit s'élever dans son sein une institution qui dès l'abord atteignit les plus grandes proportions et sut conquérir la confiance générale par
la sûreté de ses enseignements religieux et littéraires.
Un homme distingué par la rectitude de son juge-
ment, par un goût exquis, par une intelligence remarquable des hommes et des choses, M. l'abbé
Savy, plus tard Évêque d'Aire, se mit avec courage à
la tête de la nouvelle maison, et prouva bientôt qu'il
était à la hauteur de cette mission importante. Après
le régime étrange et les principes subversifs des écoles
révolutionnaires, de légères réformes devenaient im-

---

(1) Mme de Montégut était née de Limairac.

puissantes ; le premier besoin c'était de reconduire la jeunesse, longtemps égarée, aux véritables sources des saines doctrines. Cette idée simple et féconde ramena d'elle-même à ces bonnes études, dont Rollin a formulé les règles et développé les théories. Les beaux modèles de l'antiquité devinrent de nouveau nos guides, et les chefs-d'œuvre des trois grands siècles littéraires nos seuls modèles. Ils absorbaient en quelque sorte la durée de nos longues journées d'étude ; car, pleins de confiance dans les charmes d'Homère, de Virgile et de Cicéron, nos maîtres nous ménageaient avec parcimonie les distractions que l'on prodigue de nos jours à des élèves pour lesquels on a de moins sévères exigences.

Vous me pardonnerez, Messieurs, je l'espère, cette légère digression. Est-il rien de plus doux que de jeter un regard en arrière et de ramener sa pensée vers les lieux témoins de nos premières initiations littéraires ? Ces fortes études furent pour le jeune Montégut une suite de succès et de triomphes : mieux qu'un autre je puis l'attester, car s'il me fut donné de cueillir quelques couronnes, ce fut celles qu'il ne voulut pas me disputer. Il était facile déjà de juger de son aptitude singulière pour la poésie, et tandis que les Muses latines ne souriaient que rarement à nos efforts, de brillants essais nous apprenaient que les Muses françaises prodiguaient à notre condisciple leurs plus gracieuses faveurs.

Pouvait-il en être autrement ? Le foyer domestique était pour le jeune Montégut une source féconde d'inspirations. Tout exhalait autour de lui les parfums de l'art, de la science et de la poésie. Sa maison, signalée aux savants et aux curieux, avait été longtemps le rendez-vous du monde érudit et des étrangers de distinction qui traversaient la cité : une collection de tableaux des meilleurs maîtres lui rappe-

lait que le goût des arts était héréditaire dans sa famille : une bibliothèque nombreuse, composée des ouvrages les plus rares et les mieux choisis, lui disait que ses pères consacraient aux sciences et aux lettres le temps que tant d'autres sacrifiaient à de frivoles distractions : un cabinet renommé d'objets antiques lui répétait incessamment que son grand-père, devançant notre époque, avait, pour ainsi dire, découvert la langue des inscriptions et des débris de l'antiquité, jusques alors si peu explorés : ses nombreux manuscrits lui donnaient la clef de ses travaux consacrés par le suffrage des Sociétés savantes de notre ville. S'il voulait porter ses pas plus au loin, c'était le château de *Ségla,* de poétique mémoire, qui l'appelait sous ses épais ombrages : il y retrouvait ces fontaines jaillissantes, ces naïades épanchant leurs eaux dans des grottes chargées de galantes devises et de poétiques inscriptions, et ce bois silencieux, et ce temple antique aux arbres séculaires, tous objets popularisés par les tendres et mélancoliques poésies de cette femme illustre, dont le nom était une des gloires de notre cité.

On le voit, les inspirations se présentaient à l'envi à l'imagination brillante de notre jeune condisciple, et son esprit découvrait sans effort des horizons qui nous étaient inconnus. Aussi, lorsque le moment fut venu de prendre dans le monde la position que son nom lui assurait, toutes les difficultés se trouvèrent aplanies, et cette épreuve, si délicate à l'inexpérience et à la timidité, devint pour lui l'occasion de nouveaux succès. On goûta la finesse de son esprit, la grâce de sa conversation, la variété de ses connaissances ; il voulut être aimable, et il obtint facilement la réputation d'un homme d'esprit. Son talent pour la poésie lui vint en aide; toute occasion lui était favorable pour composer quelques-unes de ces poésies légères, qu'il

est convenu d'appeler *vers de société*. Souvent, se laissant aller à ses inspirations, ses compositions s'éle-
vaient aux proportions du Poëme et de l'Épitre. Il en
est plusieurs dont son amitié ne me fit pas un secret,
et dont j'admirai la grâce et la facilité. Sans doute ces
joyeux délassements d'une Muse mondaine se trans-
formèrent plus tard à ses yeux en égarements de jeunesse et furent condamnés à un éternel oubli ; je n'ai
pu en retrouver de trace. Ce qu'on aimait surtout dans
M. de Montégut, c'était sa gaieté entraînante, sa verve
inépuisable en joyeux propos, auxquels la finesse de
son regard et la grâce de son sourire ajoutaient un
nouveau prix. Évidemment sa place était marquée
dans le Collége du Gai savoir.

Tandis que notre Confrère recevait du monde un
accueil si flatteur, les événements de la Restauration
vinrent changer la forme politique de la France et
imprimer à toute chose une physionomie nouvelle. L'é-
lite de la jeunesse française courut avec enthousiasme
se ranger sous le drapeau de l'antique monarchie. M. de
Montégut ne voulut pas demeurer étranger à ce mou-
vement. Il sollicita et obtint la faveur de servir dans les
brillantes compagnies des mousquetaires, plus rap-
prochées de la personne du nouveau souverain, et dont
l'éclatant uniforme rappelait de si glorieux souvenirs.

Mais tout à coup des pensées plus graves s'empa-
rèrent de lui. Les plaisirs du monde perdirent à ses
yeux une partie de leurs prestiges. Il crut un moment que les graves fonctions de la magistrature
répondraient à cette nouvelle situation d'esprit, et il
essaya de suivre les traces de ses pères. Il fut nommé
Conseiller auditeur près la Cour royale de Toulouse
le 25 mars 1816. Mais ces nouvelles fonctions ne ser-
virent qu'à imprimer à ses idées une direction plus
austère, et bientôt il n'exista plus à ses yeux de

terme moyen entre Dieu et le monde. Le 16 avril 1817 il résigna ses fonctions; quelques jours après on apprit avec étonnement qu'il s'était retiré au Séminaire. Le monde s'épuisa en conjectures sur une détermination si peu attendue; mais les plus sages y reconnurent le résultat des enseignements religieux de sa jeunesse, et celui des inspirations irrésistibles de la grâce sur une âme ardente et généreuse.

Ces vaines rumeurs n'ébranlèrent pas la résolution de M. de Montégut, et le 23 septembre 1820 il reçut les ordres sacrés à Carcassonne. Les modestes fonctions de Vicaire du Taur, qui lui furent d'abord confiées, mirent en relief sa piété, son inépuisable charité et toute l'ardeur de son zèle. L'intelligente bienveillance de Msr le Cardinal de Clermont-Tonnerre, Archevêque de Toulouse, ne tarda pas à lui ouvrir la véritable carrière où l'appelait la nature de son talent, en le nommant prédicateur des retraites et dignitaire du chapitre de Saint-Etienne.

Ce fut au milieu des succès de cet apostolat que l'Académie jeta les yeux sur M. de Montégut pour occuper la place que la mort de M. le Comte de Lavédan avec laissée vacante dans son sein. Il accepta cette faveur qu'il n'avait pas sollicitée, et dans son discours de réception, prononcé le 24 avril 1825, il ne voulut en rechercher les causes que dans les anciens souvenirs que son nom avait réveillés dans le sein de l'Académie. Le 27 janvier 1828, il se fit encore entendre parmi nous, et dans une Semonce remarquable il développa la nature, les règles et la supériorité de l'éloquence sacrée. Peu de personnes auraient osé aborder un pareil sujet, mais peu de personnes surtout auraient pu le traiter avec autant de distinction.

Tout semblait donc annoncer que M. l'Abbé de Montégut continuerait longtemps parmi nous la tradi-

tion de ces Ecclésiastiques d'élite qu'un attrait marqué
pour les Lettres désignait au choix de l'Académie, et
que leur caractère vénéré n'empêchait pas surtout
d'être d'aimables et spirituels Confrères ; mais une
circonstance inattendue ne nous permit pas de conserver cet espoir.

Le siége de Montauban était alors occupé par un
de ces prélats dont on aime à conserver le souvenir.
Appelé du siége de la Louisiane à celui de Montauban, Mgr Dubourg s'appliquait avant toute chose à
discerner le mérite et à le mettre en relief. Il avait
vu et apprécié M. l'Abbé de Montégut, et compre-
nant tout ce qu'il pouvait attendre de son zèle, il
le sollicita d'une manière si pressante de venir parta-
ger ses travaux apostoliques , que notre Confrère
crut reconnaître une de ces voix d'en haut qu'il n'est
pas permis de repousser. Le 2 avril 1831 il fut nommé Chanoine honoraire, et le 20 octobre de la même
année, Chanoine titulaire. Bientôt après, Mgr Dubourg
voulut l'attacher d'une manière plus intime à sa personne en lui remettant des lettres de Vicaire général.

Pour justifier une si haute confiance, M. l'Abbé de
Montégut, s'adonna sans réserve au ministère de la
parole, et il sut bientôt prendre dans le diocèse une
place distinguée, à une époque où le chapitre de
Montauban renfermait dans son sein des orateurs d'un
talent reconnu que se disputaient les diverses villes
de France. Animé du véritable esprit religieux, il
négligeait les voies qui mènent à la célébrité. Le
plus souvent il se dérobait aux sollicitations de la
ville, pour aller porter les bienfaits de la parole au
milieu des populations rurales, et les succès de ces
modestes missions lui paraissaient préférables aux
suffrages du monde, qui s'émeut au talent de l'orateur,
et demeure froid le plus souvent aux vérités qui
sortent de sa bouche.

Le zèle de M. l'Abbé de Montégut ne se ralentit
jamais; il ne laissa jamais échapper l'occasion de faire
éclater la charité la plus ardente, et pendant son long
ministère, il sut prouver qu'un des plus précieux at-
tributs de la piété est de développer chaque jour les
sentiments d'abnégation, de dévouement et de bien-
faisance. Ne craignez pas, Messieurs, que je cherche
à trahir le mystère dont notre Confrère aimait à s'en-
tourer lorsqu'il se laissait aller aux impulsions de son
cœur. Non, des éloges indiscrets seraient, même
après qu'il n'est plus, une offense à sa modestie. Le
Poëte païen le disait avant nous : *Ipsa quidem virtus
pretium sibi.* Cependant il existe à Montauban deux
grandes institutions qui trahissent si hautement la
généreuse sollicitude de leur fondateur, qu'elles
protesteraient hautement contre mon silence.

Vous le savez, Messieurs, la charité était le grand
mobile de la vie de notre Confrère. Il aimait à se répandre dans l'intérieur des familles indigentes, à étu-
dier leurs besoins, et à chercher les moyens de leur
assurer une assistance régulière et permanente. Il ne
tarda pas à sentir l'impuissance d'un zèle individuel,
et à comprendre que les efforts collectifs d'une asso-
ciation religieuse pouvaient seuls atteindre ce but. Il
s'empressa de se mettre à l'œuvre, ne recula devant
aucun sacrifice, et la ville de Montauban compta
bientôt dans son enceinte une maison de miséricorde,
dont elle sentait depuis longtemps le besoin. La direction du nouvel établissement fut confiée aux Dames
de Nevers, dont l'ardente charité révéla bientôt aux
populations des faubourgs une nouvelle Providence
protégeant leurs modestes demeures, consolant leurs
douleurs et subvenant à leurs besoins. M. l'Abbé de
Montégut se fit toujours un devoir de surveiller son
œuvre, de la soutenir par ses largesses; et le legs

déposé dans son testament prouve qu'il a voulu que la mort ne mît pas un terme à ses bienfaits.

Après avoir pourvu si largement aux besoins matériels des pauvres, M. l'Abbé de Montégut ne crut pas avoir suffisamment acquitté sa dette envers eux. Il comprenait que le meilleur moyen de compléter son œuvre, était de chercher à réveiller l'esprit religieux parmi les populations égarées, et de les accoutumer à lever les yeux vers celui de qui descendent les grâces les plus puissantes pour alléger les malheurs et les misères de la vie. Cette idée, longtemps poursuivie et toujours paralysée par des obstacles renaissants, il eut le bonheur de la retrouver vivante dans le cœur du nouvel Apôtre accordé par la Providence au diocèse de Montauban. Il épancha son âme dans le sein du vénérable Prélat, et, comme les premiers chrétiens, il déposa sa fortune aux pieds de celui qui pouvait seul réaliser des vœux si longtemps impuissants. Devant cette haute influence, toutes les difficultés s'aplanirent, et bientôt le diocèse put se féliciter de posséder une succursale de la maison des Missionnaires de Toulouse.

Il est dans quelques-unes de nos cités des lieux privilégiés autour desquels se groupent les souvenirs et la poésie de toute une contrée. Plus qu'ailleurs l'histoire et les traditions de la ville de Montauban se concentrent sur le plateau pittoresque qui se développe à l'extrémité du beau faubourg du Moustier. Sur ces terrains aujourd'hui déserts s'agitait autrefois une population nombreuse : c'étaient les limites de la ville nouvelle et de l'antique cité de Montauriol, dont l'histoire se mêle aux souvenirs de Rome, des Tectosages, de Charlemagne et de nos Comtes de Toulouse. Là s'élevait l'antique basilique et la puissante abbaye de Saint-Théodard, cette grande suzeraine du

moyen âge , aux écoles célèbres, aux miraculeuses
légendes. Cette terre privilégiée conserve encore la
trace des pas de l'Apôtre de la charité, Saint Vincent
de Paul , qui, pour réaliser les vœux du Concile de
Trente , vint y fonder le premier des Séminaires du
Midi. C'est sur cet emplacement consacré par de si
grands souvenirs historiques et religieux , que s'élè-
vent aujourd'hui la maison et l'église inachevée du
nouvel établissement de la Mission, dont les construc-
tions naissantes semblent se parer de tous les prestiges du passé , pour annoncer toutes les espérances de
l'avenir. Le 13 juin 1856 fut une de ces journées qui
vivent longtemps dans les souvenirs populaires. Le
vénérable Évêque, Mgr Doney, environné d'une pompe
inusitée, vint bénir solennellement la nouvelle maison,
et l'éloquent Supérieur des Missions Toulousaines , le
R. P. Caussette apparut, au milieu de l'immense population groupée autour de cette enceinte , comme le
précurseur inspiré de la parole évangélique, qui sous
ses auspices allait se répandre dans toutes les parties
du diocèse.

Cette journée, si précieuse pour la ville de Montauban, dut exciter de bien douces émotions dans le cœur
de M. l'Abbé de Montégut. Le but qu'il avait pour-
suivi avec une si grande ardeur était atteint; il dut se
féliciter d'avoir assez vécu pour accomplir une si
belle tâche. Mais la Providence semblait avoir marqué cette consécration solennelle comme le terme de
sa course. Ses nombreuses sollicitudes et ses dernières
fatigues avaient affaibli ses forces et compromis sa
santé depuis quelque temps chancelante; son zèle seul
avait pu le soutenir. Il fut dès lors facile de comprendre
que ses jours étaient comptés. Les consolations de l'a-
mitié , les secours de l'art furent impuissants à pro-
longer son existence; il expira le 30 mars 1857.

Telle a été, Messieurs, la vie simple et modeste du Confrère que nous avons perdu; il a été donné à un bien petit nombre d'accomplir une aussi utile mission, et de laisser après soi d'aussi belles traces de son passage. Etait-il possible de faire deux parts d'une vie si pleine de dévouement, et devons-nous aujourd'hui nous rappeler que celui qui se vouait à de si grandes œuvres accordait trop peu de temps aux distractions de l'esprit, et nous privait un peu trop des communications littéraires que nous étions en droit d'attendre? Je ne saurais le croire; une pareille exigence deviendrait un égoïsme coupable. Rendons à sa mémoire un hommage mérité, et sachons le louer d'avoir si bien compris les devoirs du ministère auquel il avait sacrifié les plaisirs du monde, les charmes entraînants de la poésie, et l'attrait séducteur des succès littéraires qui lui semblaient réservés.

Toulouse, Impr. de DOULADOURE FRÈRES, rue Saint-Rome, 41.